AF253481

ÉLOGE FUNÈBRE

DE

MGR AIMÉ DE LEVEZOU DE VESINS

ÉVÊQUE D'AGEN

Prononcé le jour de ses obsèques, dans l'église cathédrale de Saint-Caprais
le 16 avril 1867

PAR S. ÉM. LE CARDINAL DONNET

ARCHEVÊQUE DE BORDEAUX

—⁂—

PARIS

E. REPOS, LIBRAIRE, RUE BONAPARTE, 70.

BORDEAUX

LES SŒURS DE SAINT-PROJET, | LES SŒURS DE CHARITÉ,
RUE SAINTE-GEMME. | RUE DE LA TRÉSORERIE.

LES PETITES SŒURS DES PAUVRES, RUE JUDAÏQUE, 181.

—

1867

ÉLOGE FUNÈBRE

DE

MGR AIMÉ DE LEVEZOU DE VESINS

ÉVÊQUE D'AGEN

Prononcé le jour de ses obsèques, dans l'église cathédrale de Saint-Caprais
le 16 avril 1867

PAR S. ÉM. LE CARDINAL DONNET

ARCHEVÊQUE DE BORDEAUX

PARIS

E. REPOS, LIBRAIRE, RUE BONAPARTE, 70.

BORDEAUX

LES SŒURS DE SAINT-PROJET,
RUE SAINTE-GEMME.

LES SŒURS DE CHARITÉ,
RUE DE LA TRÉSORERIE.

LES PETITES SŒURS DES PAUVRES, RUE JUDAÏQUE, 181.

1867

ÉLOGE FUNÈBRE

DE MGR AIMÉ DE LEVEZOU DE VESINS

Bonum certamen certavi, cursum consummavi, fidem servavi; in reliquo reposita est mihi corona justitiæ, quam reddet mihi justus Judex.

J'ai combattu le bon combat, j'ai consommé ma course, j'ai gardé la foi; il ne me reste plus qu'à recevoir du juste Juge la couronne de justice. (Tim., IV, 7.)

MESSEIGNEURS (1),

Notre bien-aimé et vénéré Collègue vient, après quatre jours d'une agonie saintement traversée, de s'endormir dans le Seigneur et de porter à son tribunal une vie laborieuse, pleine de mérites et digne d'un pontife à qui il a été permis de s'écrier à son dernier moment : *Bonum certamen certavi, cursum consummavi, fidem servavi.* Quelle différence, habitants

(1) Mgr Delamarre, archevêque d'Auch ; Cousseau, évêque d'Angoulême; Épivent, d'Aire et de Dax; Dabert, de Périgueux et Sarlat; Grimardias, de Cahors.

d'Agen, entre la cérémonie de ce jour et les solennités qui nous amenèrent ici, pour l'installation de votre Évêque, en 1841, et pour la célébration du concile provincial, en 1859! Alors tous les visages étaient rayonnants, nous marchions sous les arcs de triomphe qu'avait élevés votre esprit de foi si connu. Une immense procession, à chacune de ces deux époques, se déroulait au milieu d'une haie de gracieux arbustes reliés entre eux par une chaîne de guirlandes qui semblaient enserrer la cité tout entière. C'était partout un hosanna dont l'écho retentit encore à nos oreilles! Et voilà que des gémissements et de funèbres tentures ont remplacé les chants d'allégresse et les ornements du triomphe! Fut-il plus douloureux accomplissement de cette parole du prophète : *Defecit gaudium cordis nostri, versus est in luctum chorus noster?* Celui qui fut l'objet de ces premières ovations, et qui, plus tard, prépara une réception si digne à ses collègues de la province de Bordeaux, va dormir aujourd'hui son dernier sommeil dans ce sanctuaire de Bon-Encontre, où nous ne pensions pas bénir sa tombe quand nous consacrions le nouvel édifice qu'il élevait à la Reine des cieux.

Pour nous, qui venons, à la voix du respectable chapitre et d'une famille qui nous est chère depuis longtemps, présider à cette lugubre cérémonie, sommes-nous donc destiné à ne plus voir se tarir la source de nos larmes? Des plaies, dont plusieurs encore saignantes, nous déchirent le cœur, car nous avons rempli le même devoir, depuis 1837, à l'égard

e NN. SS. de Montblanc, archevêque de Tours, Mio-
nd, archevêque de Toulouse, Caballeros, archevêque
e Saragosse, de Salinis, archevêque d'Auch, Men-
ud, archevêque de Bourges, de Bouillé et Guitton,
êques de Poitiers, Guigou, d'Angoulême, Soyer, de
uçon, Jacoupy, d'Agen, de Sauzin, de Blois, de
orbin-Janson, de Nancy et Toul, Savy et Hira-
oure, d'Aire, Dupuch, d'Alger, Dufêtre, de Nevers,
eorges Massonais et Baudry, évêques de Périgueux.
t voilà qu'un nouveau deuil ajoute à l'amertume dont
otre âme est inondée! Pontifes vénérables, accourus
vec tant d'empressement, et vous tous, anciens amis
e celui que nous pleurons, daignez écouter une parole
ue nous regrettons de n'avoir pu mieux préparer :
er encore nous étions en visite pastorale à l'une
es extrémités de notre diocèse. Nous ne pensions
ous apporter que le tribut de vénération et d'amour
un collègue, d'un ami, d'un vieillard qui vient sou-
ger sa propre douleur en partageant la vôtre. Cepen-
ant, pour répondre à des instances réitérées, autant
ue nos forces le permettront, et en nous renfermant
ans les paroles de notre texte, nous allons vous mon-
er M. de Vesins homme du monde, puis évêque,
ombattant dans ces deux positions les véritables com-
ats du Seigneur, et n'ayant plus qu'à recevoir du
uste Juge la couronne de justice : *Bonum certamen
ertavi, cursum consummavi, fidem servavi; in re-
quo reposita est mihi corona justitiæ quam reddet
ihi justus Judex.* Ce peu de mots résume Mgr Jean-
imé Levezou de Vesins, évêque de ce diocèse.

1

Laissez-moi, N. T.-C. F., entrer en matière en vous faisant part d'une lettre récente, qui ne me disait pas tout votre malheur, mais qui le faisait trop pressentir : « Notre cher Père, ce saint Évêque que vous aimez est bien mal, m'écrivait un des membres de la famille du prélat. Je sais que la nouvelle de ce douloureux état a déjà été donnée à Votre Éminence. Mais j'ai à cœur de m'entretenir avec Elle de sa déchirante aggravation. Dieu seul peut conserver une vie si précieuse à sa double famille, et pourtant chaque heure apporte son effroi. Priez avec nous, Monseigneur, pour notre père et pour votre ami. Il a été frappé à mort le jour de sa résurrection, c'est-à-dire que, se trouvant mieux hier dimanche, il a agi comme s'il allait bien et a rempli avec le zèle des jours de santé tous les devoirs imposés par son ministère. Il ne s'est, hélas ! montré à ses ouailles que pour s'en faire regretter davantage, et, frappé de paralysie en rentrant dans son appartement, il est là, depuis trois jours, tout prêt à nous quitter, et supportant avec une admirable patience les derniers efforts d'une agonie qui touche à son terme. »

Une chose que je tiens à vous faire remarquer, N. T.-C. F., c'est que depuis le Concordat, c'est-à-dire depuis le commencement de ce siècle, par un privilége unique, puisque, à part Lyon, Bordeaux, Cambrai et Arras qui sont à leur troisième pontife, tous les autres diocèses ont déjà compté quatre, cinq, jusqu'à dix évêques, l'Église d'Agen n'a pleuré que deux fois en-

core sur son premier pasteur; et chaque fois j'ai eu
ma part d'amertume et de douleur.

Pressé par le temps, je dois passer, bien qu'à regret,
sur la longue suite des aïeux de votre Pontife, qui ser-
virent l'Église et l'État, et qui poussèrent la fidélité
jusqu'à l'héroïsme de la prison, de l'exil, de l'échafaud.
Je n'oublierai jamais une circonstance particulière de sa
naissance qu'il m'a racontée lui-même. Il vint au monde
en 1793, effroyable année, où le sang de ce qu'il y
avait de plus élevé et de plus pur rougissait chaque jour
l'échafaud. Mme de Vesins, femme comme le christia-
nisme seul peut en produire, avait dans son manoir un
lieu secret pour abriter les ministres du sanctuaire.
Dénoncée pour ce crime, elle fut arrêtée et conduite
en prison, et c'est là que votre digne Évêque reçut le
jour. La déclaration faite par cette noble femme, qu'elle
allait devenir mère, ne put attendrir le proconsul. « Il
n'y a pas grand mal que le lionceau que tu portes dans
ton sein périsse avec toi. » Ce fut la réponse de l'homme
impitoyable qui ne savait pas que le lionceau qu'il vouait
à la mort serait l'ange de ce beau diocèse, peut-être
l'instrument dont Dieu se servirait pour lui obtenir
miséricorde.

Il y a, N. T.-C. F., dans la vie humaine des choses
mystérieuses que ne soupçonne point la sagesse d'ici-
bas. Celle-ci, même aidée des lumières surnaturelles,
ne les aperçoit d'ordinaire qu'à mesure que le temps
déroule les diverses phases de notre existence.

Uni, bien jeune, à une compagne distinguée à tous
égards, M. de Vesins eut quatre fils et une fille.

Nommé conseiller de préfecture à Montauban, puis sous-préfet de Milhau, son pays natal, il resta veuf en 1829. Ordonné prêtre en 1836, le premier acte de son ministère fut la bénédiction nuptiale donnée en Lorraine à son fils aîné, qui épousait une des filles du maréchal Oudinot. Son second fils administre aujourd'hui le département de Seine-et-Marne. Le troisième, capitaine d'artillerie, a reçu la croix d'officier de la Légion d'honneur au siége de Puebla. Le quatrième, qui manifestait des dispositions pour l'état ecclésiastique, est mort à quinze ans dans un petit-séminaire. Sa fille unique, qui ne l'a jamais quitté, a été l'ange de son foyer domestique; elle est ici, abîmée dans sa douleur, à côté de la femme héroïque qui a été pour elle une seconde mère.

Ce serait le cas de vous montrer M. de Vesins sous les traits d'un jeune homme accompli, d'un noble châtelain, combattant dans le monde les combats du Seigneur : *bonum certamen certavi*. Nous vous rappellerions qu'il fut dans le manoir de ses pères, et dans l'exercice des fonctions civiles, ce qu'il a été plus tard dans l'accomplissement des devoirs du sacerdoce; nous dirions les exemples de foi et de générosité qu'il sut placer sous les yeux de ses enfants et de ses administrés. Chrétien pratique dans toute l'acception du mot, il n'apparaissait pas le dimanche seulement au pied des autels; mais tous les matins, à Vesins comme à Montauban, il assistait à l'auguste sacrifice, visitait les pauvres, communiait fréquemment, et ne se montrait dans la société qu'avec cette fleur de politesse, cette aménité, cet oubli de soi, ces prévenances et ce tact qui deviennent plus rares chaque jour.

Un homme du monde, fût-il zélé jusqu'au prosélytisme, peut faire un bien immense, sans qu'on ose lui reprocher, comme à nous, d'agir par préjugés d'état ou d'éducation. Aussi quels souvenirs n'a-t-on pas gardés à Castres-sur-Garonne, à Montauban, à Milhau, du gentilhomme, du chrétien fervent, de l'administrateur intègre qui, partout, a montré ce qu'est un homme de foi et de courage! *Bonum certamen certavi, fidem servavi.*

Pour vous, Messieurs, qui remplissez dans la province les emplois par lesquels a passé M. de Vesins avant d'être le pasteur de vos âmes, ne restera-t-il pas à vos yeux comme un modèle de patriotisme, de modération, de dévouement à son pays et à son souverain? Pour vos successeurs, ne sera-t-il pas une de ces nobles figures qui appartiennent à l'histoire, et devant lesquelles les générations s'inclinent avec une filiale vénération?

Il y a, entre les grands esprits d'un pays aussi éclairé que le nôtre, une parenté qui les unit, qui les perpétue et qui en fait comme le patriciat de l'intelligence et de la vertu qu'aucune révolution ne peut atteindre, et dont nos mœurs nouvelles respectent les prérogatives. Loin de blesser le principe d'égalité, cette aristocratie le confirme, en ouvrant ses rangs à tous les mérites et en illustrant des noms qui ne doivent leur éclat qu'à des œuvres d'hier.

Oui, N. T.-C.-F., il y a une loi d'ordre providentiel qui établit dans le monde l'ascendant de la force morale, et qui en fait le mobile le plus puissant de la gloire des hommes et de la grandeur des nations. C'est une vérité que personne ne contestera, en présence d'une tombe où repose celui dont la vie tout entière s'inspira de ce qui est vrai, glorieux et utile, de ce qui a toujours eu pour bases la raison et la justice.

Et c'est là, Messieurs, le premier enseignement que vous offre la vie de M. de Vesins. Dans les luttes de la pensée comme sur un champ de bataille, c'est par leur propre valeur que les hommes s'élèvent le plus sûrement. La naissance et la fortune établissent sans doute des niveaux légitimes, mais le vrai mérite seul crée les supériorités, que l'opinion reconnaît, que la postérité confirme, et qui se résument dans les paroles déjà citées : *Bonum certamen certavi*.

La fortune n'est donc pas tout, pas plus que ce luxe dont on recherche l'éclat avec une ardeur toute fiévreuse. Une capacité vraie, une *charité non feinte,* une grande force de caractère, un besoin constant d'obliger ceux qui réclament nos services, donneront toujours une incontestable influence. Il y a dans notre société, malgré ses travers, une puissance qui élève l'homme à des hauteurs auxquelles la richesse seule ne peut atteindre : c'est la foi des ancêtres conservée, pratiquée sans ostentation, mais aussi sans pusillanimité ; c'est la puissance de l'honneur et du travail, et M. de Vesins en a été un bel exemple dans le monde. *Fidem servavi.*

11

Tant de qualités et tant de services rendus allaient
ouvrir prochainement à M. de Vesins une plus bril-
lante carrière dans l'administration ; mais à la mort
de sa digne compagne, et par suite des événements
politiques, qui froissaient ses plus chères convictions,
il résolut d'embrasser l'état ecclésiastique et fut ordonné prêtre en 1836, à Albi, par les mains de Mgr de
Gualy, son compatriote et son parent.

Appelé moi-même, jeune encore, à succéder, sur le
siége de Bordeaux, à deux pontifes dont les talents et
les vertus fixèrent l'admiration du monde entier, j'a-
vais senti le besoin de suppléer à mon insuffisance par
le choix de sages et habiles collaborateurs : je ne crus
pouvoir mieux faire que de remplacer par M. de Vesins M. l'abbé Barès que la mort venait de m'enlever.
M. Barès avait été lui-même à la tête d'une administration départementale, et successivement grand-vicaire
de Nosseigneurs d'Aviau et de Cheverus.

Dès ce moment, commença entre M. de Vesins et
son archevêque cette liaison qui semblait avoir toute
la force, toute la douceur des liens du sang. Abrités
sous le même toit, associés au même ministère, étant
à peu près du même âge, nous ne faisions qu'un cœur
et qu'une âme ; il semblait que la mort seule pourrait
nous séparer. Mais le bien de l'Église, le salut d'un
diocèse qu'un vieillard consciencieux et jadis confes-
seur de la foi (1) mettait entre mes mains, après un

1) Mgr Jacoupy.

épiscopat de quarante ans, m'imposèrent un douloureux sacrifice. La mort vient aujourd'hui le consom-
mer, *cursum consummavi*.

En cherchant dans les écrits de nos plus illustres
devanciers dont l'amitié a subi les mêmes épreuves,
les considérations qui avaient adouci l'amertume de
leurs peines, j'ai entendu ces âmes viriles, si étroite-
ment unies à Dieu, confesser que leur cœur avait sai-
gné en ces tristes occurrences. Elles m'ont appris que,
malgré leur entière résignation, elles avaient trouvé
un allégement à leur douleur en l'épanchant dans le
sein de ceux qui la partageaient. Ainsi ont agi les Am-
broise, les Grégoire de Nazianze, les Delphin de Bordeaux, les Paulin de Nole, les Phébade d'Agen, les
Ausone d'Angoulême, les Fortunat de Poitiers, les
Bernard (1) et bien d'autres illustres serviteurs de
Dieu. Ils pleuraient leurs amis; ils se plaignaient de
ce que la mort, en leur enlevant un collègue, un frère,
les avait privés de l'édification de ses exemples, de la
sagesse de ses conseils, des affectueuses sollicitudes de
sa charité; et tous les motifs de leurs regrets étaient
autant d'éloges des mérites du défunt. Si les regards,
en s'abaissant vers la tombe, se voilaient de larmes,
l'espérance les relevait vers le ciel et versait dans les
âmes d'ineffables consolations. Autorisé par de tels
exemples, je puis révéler ma douleur devant vous,

____

(1) S. Ambrosii, De excessu fratris sui. — S. P. N. Gregorii, In Cæsa-
rium fratrem, or. fun. — Gregorii Nys., Vita S. Macrinæ, virg. — Opera
S. Paulini. — S. Bernard., in cantica. Sermo XXVI, de obitu fratris sui
Gerardi.

Évêques, prêtres et fidèles; nous nous consolerons mutuellement.

Jamais, depuis le jour où j'imposai les mains, en 1841, à votre pasteur et père, dans cette église métropolitaine qui aimait à le voir prier dans une attitude toute céleste, jamais, dis-je, vie épiscopale n'a été plus dignement remplie, jamais Pontife n'a gardé plus religieusement les traditions saintes, n'a été plus profondément dévoué à l'Église et à son auguste Chef.

Persuadé que l'épiscopat est autre chose qu'une dignité ou un repos, Mgr de Vesins voulut d'abord connaître ses ouailles. Il se met à parcourir son diocèse dans tous les sens; il s'établit en véritable missionnaire dans les principales localités, prêchant matin et soir, passant une partie des nuits au saint tribunal. Il était beau de le voir, lui jadis livré à des fonctions civiles, administrateur distingué, devenu tout à coup l'évangélisateur des campagnes. Qu'il était admirable, un catéchisme à la main, s'assurant par lui-même de la manière dont ses coopérateurs instruisaient l'enfance confiée à leur sollicitude! Il apprenait à la génération présente ce qu'il apprit à la génération passée, ce qu'il était disposé à redire avec le même zèle à la génération future.

M. de Vesins n'appelait jamais les fidèles d'une paroisse dans une autre pour y recevoir la confirmation. Les plus modestes villages étaient flattés de voir l'Évêque arriver jusqu'à eux; les autorités locales en étaient touchées et accordaient au Chef du diocèse, pour la restauration des églises, la construction des presbytères et des écoles, la destruction des abus, ce qu'il aurait vainement réclamé par des lettres officielles. Le bon Évêque, aussi longtemps que ses forces l'ont permis, prêchait toujours lui-même. Il se renouvelait, en quelque sorte, dans la chaire de chaque église, et présentait, sous divers aspects, la parole sainte, une et multiple. Le véritable apôtre diversifie, non pas son enseignement, mais son langage, suivant les temps et les personnes. C'est un peu plus de fatigue pour un évêque, mais M. de Vesins ne croyait pas que la visite pastorale pût atteindre son but à une autre condition.

Laissez-moi, à ce sujet, N. T.-C. F., emprunter à saint Bernard un récit admirable qui m'a toujours fait une vive impression. Je le trouve dans la vie de saint Malachie, qui nous est représenté par le grand abbé de Clairvaux s'élançant à travers les cités et les campagnes comme un géant jaloux de fournir sa carrière. Des plages très-étendues, des contrées entières, chrétiennes de nom, étaient devenues païennes en réalité : *Christiani nomine, re pagani.* Plus de mariages sanctifiés par des dispositions saintes, plus de confessions, plus de communions. Les ministres de l'autel étaient peu nombreux; mais à quoi bon un plus grand nombre de prêtres, puisque l'indifférence des séculiers rendait encore le petit nombre inoccupé : *Quid opus plurium, ubi ipsa paucitas inter laïcos prope modum otiosa vacabat?* Néanmoins, sans se décourager, l'évêque pèlerin poursuivait sa marche, de bourgade en bourgade, de hameau en hameau. Vous eussiez dit un feu dévorant qui consumait les ronces des vices,

une hache qui abattait les plantations mauvaises, re-
tranchait les herbes parasites. Son œil n'épargnait
rien de ce qu'il apercevait d'irrégulier, d'anormal, de
superstitieux : *Diceres ignem urentem in consumendo
criminum repres,* etc. Comme la grêle abat les fruits
avortés de nos figuiers, comme le vent balaie la pous-
sière, ainsi les abus disparaissaient devant lui. Il y
substituait des règlements pleins de sagesse, de modération, d'équité : *Leges dabat plenas justitiæ, plenas
modestiæ et honesti...* (lib. S. Malachiæ, viii, 16.) Il
rétablissait dans toutes les églises les sanctions apos-
toliques, il faisait revivre les rites, il notifiait les dé-
cisions de la sainte Église romaine, il condamnait les
usages qu'elle n'avait point approuvés : *Sed et apos-
tolicas sanctiones et decreta patrum statuebat.* Il
avertissait en public, il réprimandait en particulier,
tantôt avec force, tantôt avec mansuétude, selon les
besoins de chacun. Il persévéra dans cette œuvre, il ne
se lassa point de frapper à coups redoublés, et enfin,
selon la promesse divine, à force de prières, d'instances, de larmes, il vit les portes s'ouvrir, la dureté
des pécheurs s'amollir, l'amendement s'opérer : *Per-
severavit pulsare, et secundum promissionem, tandem
aliquando pulsanti apertum est... Cessit duritia,
quievit barbaries, et domus exasperans paulatim
leniri cœpit, paulatim correctionem admittere.*

Ce tableau, N. T.-C. F., n'est-il pas celui des vingt
premières années de l'épiscopat de M⁰ᵉʳ de Vesins? A
sa voix comme à la voix du saint évêque Malachie, le
jeune homme a appris à commander à ses passions, le

père de famille à veiller sur ses enfants, le serviteur
à être fidèle, les époux à garder leurs serments, le
pauvre à bénir la Providence, tous à connaître Jésus-
Christ, à le servir et à l'aimer. Les annales de la
France diront un jour tout ce que, depuis le Concordat de 1802, ont fait vos évêques dans le cours de
leurs visites pastorales; ce qu'ils ont arraché aux ruines
semées de tous côtés par l'impiété; ce qu'ils ont relevé,
créé, non-seulement au profit de la foi de nos pères,
mais dans l'intérêt de l'ordre, de la justice et des mœurs.
Eh bien! N. T.-C. F., à la place de ces propagateurs
des saines doctrines, de ces évangélisateurs de la paix,
députez vers nos campagnes quelques libres penseurs:
s'ils sont athées, matérialistes, sceptiques, qu'ensei-
gneront-ils? Que la religion est une invention humaine,
que la morale est indépendante de tout dogme révélé,
qu'il n'y a aucune différence entre le vice et la vertu,
que Dieu ne se mêle pas des choses de ce monde,
qu'il n'existe pas, que nous ne sommes nous-mêmes
qu'une portion de matière organisée, et que tout va se
perdre et s'engloutir dans le néant, ou, pour parler
plus clairement, que, quand nous sommes morts,
tout est mort. Belles leçons pour adoucir l'amertume
du cœur qui souffre, et pour essuyer les larmes du
pauvre et de l'innocent opprimé!

Personne, N. T.-C. F., n'a oublié que, dans le
cours de ses visites pastorales, M. de Vesins portait
une attention spéciale sur les écoles, où se trouvaient
trop souvent pêle-mêle, dans le même local, les petites
filles et les petits garçons de vos villages. Aussi en-

oya-t-il presque partout, pour former les jeunes filles, de pieuses institutrices vouées à l'étude, à l'abnégation, à la simplicité, et pourvues d'un savoir suffisant attesté par *ces lettres d'obédience,* qui, quoi qu'on en dise, sont loin d'être *un brevet d'ignorance, un diplôme d'obscurantisme.*

Mais la vigne à cultiver par un évêque est immense : il faut des ouvriers de tous les jours, de toutes les heures. Aussi votre Pontife appelle-t-il du dehors des auxiliaires studieux et habiles dans le ministère de la parole. Ce sont les enfants de sainte Thérèse, dont le monastère et la belle église dominent la ville épiscopale ; ce sont les Maristes de Bon-Encontre, qui deviennent les évangélisateurs des cités et des campanes, les maîtres éclairés de la tribu sacerdotale. Chaque fondation vient en son temps, au moment voulu, et toutes ces forces rassemblées impriment au diocèse un admirable élan vers le bien.

D'autres besoins appellent en même temps son attention.

Son cœur a gémi sur la pauvreté d'un grand nombre d'églises. Comment faire, quand dans une paroisse la population est peu considérable, la bonne volonté plus que douteuse ? Le zélé pasteur ne se décourage pas : il appelle près de lui des femmes généreuses, âmes d'élite, qui sauront bientôt procurer aux églises pauvres ce qui est nécessaire pour que le Dieu de l'Eucharistie, l'Emmanuel qui veut établir sa demeure parmi nous, ne souffre pas d'une indigence qui contraste trop avec sa puissance et sa gloire ! *Dilexi de-*

corem domus tuæ. Quàm pulchra tabernacula tua, Jacob, et tentoria tua, Israel!

A côté de cette œuvre grandit une autre institution non moins utile, celle des *Mères de famille*. Dieu sait combien de douleurs ont été adoucies, de mariages réhabilités, de réconciliations opérées! Bien souvent des secours inespérés sont venus discrètement consoler des infortunes qui n'osaient pas recourir à la bienfaisance publique.

Agen n'était pas encore revenu à la liturgie romaine, qui a toujours été celle de sa métropole. M. de Vesins s'empresse d'en ordonner l'adoption. Lui-même veille, avec un soin scrupuleux, à l'observation des saintes règles, et, conformément aux prescriptions du Concile de Bordeaux, de 1850, il parvient à intéresser les fidèles à tous nos offices en les habituant à chanter à deux chœurs, les hommes d'un côté, les femmes de l'autre, la messe et les vêpres.

Mais tout cela n'est que l'extérieur. Il veut que Celui dont il est le ministre soit dignement honoré dans le sacrement qui est plus encore le prodige de son amour que de sa puissance. Dès lors, dans une Lettre pastorale, remarquable à tous égards, il insiste sur les honneurs dus à l'adorable Eucharistie. Il rappelle, conformément aux prescriptions de la sacrée congrégation des Rites, qu'une lampe doit brûler nuit et jour devant le tabernacle. Il donne une grande extension à l'Adoration perpétuelle, établie aujourd'hui dans presque tous les diocèses, et que je regarde dans le mien comme une cause de renouvellement pour la

piété, et comme la source des grâces les plus abondantes.

III

Et maintenant, N. T.-C. F., que votre évêque a
terminé sa course, *cursum consummavi*, maintenant
qu'il touche au terme d'une carrière si bien remplie,
n'est-il pas permis de se demander où il puisait cette
ardeur pour le bien, sinon dans son esprit de foi,
fidem servavi?

M. de Vesins était, avant tout, un homme pieux.
Cette piété, il en avait fait profession dans son adoles-
cence, dans l'âge mûr, dans les fonctions civiles,
partout, et quand l'onction pontificale eut touché son
front, elle lui inspira ces idées tout évangéliques qui
le rendaient sévère pour lui-même, et si indulgent pour
les autres. On admirait cette vie réglée qui double le
temps et permet de faire marcher de front tant de
choses. De là, ces conseils qu'il ne refusait à personne,
ces services qu'il rendait avec tant de tact, de délica-
tesse et de persévérance. De là encore, cette assiduité
au travail, ces prières prolongées, ces prédications
fréquentes, ces visites des hôpitaux et des séminaires,
tant de pieuses pratiques que le monde traite quelque-
fois de minuties, et qui, cependant, sont les gardiennes
de la foi, les inspirations des plus grandes œuvres.
Fidem servavi.

Ceux qui n'ont vu votre évêque que dans les rela-
tions officielles ont pu prendre une idée de la largeur

de ses vues et de son aménité ; mais peut-être aussi
la gravité de ses manières aura voilé, aux yeux de
plusieurs, la bonté de son âme. Cependant, au-dessus
du pontife et de l'administrateur, il y avait le père et
le pasteur, et, jusque dans l'abandon de ses entretiens,
l'homme de Dieu dominait toujours l'ancien homme
du monde dans le meilleur sens de ce mot. L'esprit
sacerdotal dont il avait reçu la plénitude animait
toute sa conduite, et instinctivement rien ne lui était
plus antipathique que ce qui semblait tenir de la
légèreté ou de l'irréflexion dans les choses de Dieu.

Toutes ces qualités ne cherchaient pas à se produire au-dehors. Ce n'était chez lui ni misanthropie,
ni sauvagerie d'humeur : loin de là. Quand de hauts
personnages venaient le chercher dans son intérieur,
ils ne se lassaient pas d'admirer le causeur inépuisable
qui pouvait aborder tous les sujets avec la même faci-
lité : politique, histoire, arts, agriculture, science éco-
nomique, statistique, lui étaient devenus familiers
comme ce qui tenait à l'administration ou à la spiri-
tualité. Ce n'était pas seulement, nous nous plaisons
à le dire, les hommes instruits, les personnages haut
placés qui emportaient d'auprès de lui cette impression ; mais les plus simples paysans ont conservé, dans
toutes les bourgades de mon diocèse où M. de Vesins
m'a accompagné pendant cinq années, le souvenir at-
tendri de son affabilité, tant sa supériorité elle-même
savait se cacher pour ne laisser paraître que la cordia-
lité de l'ami et du prêtre ! Et il n'y avait pas jusqu'à
ce grand air de gentilhomme qui ne fût un prestige et

une puissance, en provoquant à la fois et l'estime pour
l'homme et le respect pour son caractère.

O saints et adorables prodiges de la divine bonté!
puisse le ministère de tous les pontifes ici présents
vous servir d'instruments! puissent tous nos diocé-
sains apprendre que si la dignité de l'évêque est plus
élevée que celle des simples fidèles, son cœur doit être
assez large pour embrasser toutes les âmes! car l'Es-
prit-Saint veut qu'il soit aussi vaste, aussi étendu que
les plages de l'Océan : *Latitudinem cordis, quasi are-
nam quæ est in littore maris.*

J'ai pensé, N. T.-C. F., que le simple et fidèle récit d'une existence qui m'est si bien connue vaudrait
mieux que tous les panégyriques. Ma tâche est finie.
Ai-je besoin d'attirer plus d'intérêt sur une vie chère
à l'Église, à ce diocèse et à ses nobles fils à qui il
laisse pour héritage, non de l'or et des domaines, mais
la gloire d'avoir eu pour père un des hommes les plus
justement considérés, un des évêques les plus dévoués
à l'Église et au pays? « Quant à l'argent, si on en
trouve à ma mort, a-t-il déclaré dans plusieurs cir-
constances, il sera distribué aux œuvres charitables de
mon diocèse. » On tombe à genoux devant des volon-
tés suprêmes ainsi exprimées. Dieu a retiré M. de
Vesins de ce monde avant l'heure des nouvelles épreuves qui pourraient être réservées au Chef auguste de
la chrétienté. Depuis quelques années, le digne prélat
s'oubliait lui-même pour ne penser qu'au Pontife qui
l'avait accueilli avec tant d'égards, à la grande mani-
festation de 1862. Dans la dernière entrevue que nous

eûmes ensemble, M. de Vesins ne put me parler d'autre chose que des événements dont l'Italie était alors le théâtre, et j'ai vu couler d'abondantes larmes des yeux du saint vieillard.

Ce serait peut-être le cas, N. T.-C. F., de répondre à quelques hommes qui ne se rendent pas un compte assez juste de la position d'un évêque dans les jours difficiles que nous traversons. Les uns disent que nous sommes trop mêlés aux choses de la terre; d'autres, que notre attitude ne se dessine pas assez nettement. M. de Vesins, nous ne craignons pas de le rappeler en cette circonstance solennelle, a toujours donné au Gouvernement, et dans ses lettres pastorales et dans sa conduite, des preuves de l'esprit français et de la modération évangélique dont il était animé. Pourquoi ne dirions-nous pas, avec la même liberté de langage, qu'il eût été capable de sacrifier sa vie plutôt que de transiger avec sa conscience? N'est-ce pas le témoignage que lui ont rendu tous les administrateurs avec lesquels il était en relation depuis un quart de siècle? L'empressement avec lequel, vous, M. le Préfet, et vous, M. le Maire, êtes accourus ce matin de la capitale pour payer un dernier tribut à votre Évêque, a singulièrement touché la bonne population agenaise.

Et maintenant, pieux prélat, qui reposez au sein de Dieu, loin des orages et des tempêtes, vous connaissez les secrets de justice ou de bonté qui doivent épouvanter le monde ou le consoler; priez pour cette Église de la terre qui vous a enfanté à celle du ciel, priez pour notre France qui a de si nobles instincts, où tant

e bien s'opère chaque jour ; priez surtout pour ce
iocèse, dont vous avez été l'ange ici-bas. Vous vous
iez montré disposé à vous en séparer, par suite des
ifirmités qui vous attachaient sur un lit de souffrance.
ous m'aviez fait le confident de vos pensées à cet
gard ; une autorité suprême vous a ordonné de mou-
r sur la brèche, vous l'avez fait : *Cursum consum-
avi.*

Habitants d'Agen, je me suis décidé à vous faire
tte dernière révélation, et pour la gloire de votre
vêque et pour mettre en lumière certaines choses qui
'étaient pas assez connues.

Le choix d'un successeur, N. T.-C. F., est entre vos
ains ; priez, Dieu ne saurait rien refuser à une prière
ite avec confiance et amour. Il vous accordera un
ntinuateur des grandes œuvres qui forment l'auréole
ont le front de l'auguste Pontife que nous pleurons
t couronné.

Quodcunque volueritis, petetis, et fiet vobis
Amen.

Bordeaux, imprimerie J. Delmas.